ENGLISH ESPERANTO

Topical Dictionary

By Jessy Gonzales

Table of Contents

English	Esperanto	
		7
MAIN CONCEPTS	ĉefaj konceptoj	7
Pronouns	Pronomoj	7
How to address a person	Apelacioj	8
Numbers from 0 to 100	Numeroj de 0 ĝis 100	9
Numbers from 100 to milliard	Numeroj de 100 ĝis miliardoj	11
Ordinal Numbers	Ordonombroj	12
Fractions	Frakcioj	12
Mathematical Operations	Matematikaj Operacioj	13
Words involved in calculations	Vortoj okupitaj pri kalkuloj	13
Most important Verbs	Plej gravaj Verboj	14
Colors	Koloroj	20
Most Popular Questions	Plej popularaj Demandoj	22
Prepositions	Prepozicioj	23
Basic Introductory Words and Adverbs	Bazaj Enkondukaj Vortoj kaj Adverboj	23
Basic Introductory Words and Adverbs	Bazaj Enkondukaj Vortoj kaj Adverboj	26
Days of the week	Tagoj de la semajno	28
Times of Day	Tempoj de la Tago	29
Seasons	Sezonoj	31
Words about time	Vortoj pri tempo	33
The main antonyms	La ĉefaj antonimoj	35
Geometric shapes	Geometriaj formoj	38
Measures	Mezuroj	40
Capacities	Kapabloj	42
Materials	Materialoj	43
Metalls	Metaloj	44
Human	Homa	45
Anatomy	Anatomio	46
Head	Estro	47
Body Parts	Partoj de Korpo	49
Clothes	Vestoj	50
outerwear	subvestoj	50

Clothes Vestoj	51
Undergarments Subteraĵoj	52
Hats Ĉapeloj	52
Shoes Ŝuoj	53
Tissue Ŝtofo	54
Accessories Akcesoraĵoj	54
Vestoj	55
Hygiene and cosmetics Higieno kaj kosmetikaĵoj	57
Jewelry Juveloj	58
Watch Rigardu	59
Food Manĝaĵo	60
Food Manĝaĵo	60
Drinks Trinkaĵoj	63
Vegetables Legomoj	65
Fruits and Nuts Fruktoj kaj Nuksoj	66
Bread and Sweets Pano kaj dolĉaĵoj	68
Courses Pladoj	68
Spices and seasonings Spicoj & Condimentos	70
Words for eating Manĝantaj Kondiĉoj	71
Tukoj	73
Restaurant Restoracio	73
Ĉirkaŭa	74
Questionnaire Profilo	74
Relatives Parencoj	74
Friends and Collegues Amikoj kaj kolegoj	77
Words about people Vortoj pri homoj	77
Edziĝinta vivo	80
Edzinoj. Edziĝinta vivo	80
Feelings Sentoj	82
Personal Traits Persona priskribo	84
Sleep Dormu	87
Talk Paroli	91
Agreement and Disagreement Interkonsento kaj Malkonsento	94

Success and defeat　Sukceso kaj malvenko 95

Negativa emocio 96

Medicine　Medicino 99

Illness　Malsano 99

Symptoms and Treatment　Simptomoj kaj Traktado 102

Medical specialties　Medicinaj fakoj 106

Medicines　Medikamentoj 107

Smoking　Fumado 108

English	Esperanto
MAIN CONCEPTS	ĉefaj konceptoj

Pronouns Pronomoj

English	Esperanto
I, me	Mi, mi
you	vi
he	li
she	ŝi
it	ĝi
we	ni
you	vi
they	ili
Basic phrases	Bazaj frazoj
Hello!	Saluton!
Hello!	Saluton!
Good morning!	Bonan matenon!
Good afternoon!	Bonan posttagmezon!
Good evening!	Bonan vesperon!
to say hello	diri saluton
Hi!	Saluton!
greeting	saluton
to greet	saluti
How are you?	Kiel vi fartas?

What's new?	Kio novas?
Bye-Bye! Goodbye!	Ĝis revido! Adiaŭ!
See you soon!	Ĝis baldaŭ!
to say goodbye	diri adiaŭ
Cheers!	Salutoj!
Thank you!	Dankon!
Thank you very much!	Dankegon!
My pleasure!	Mia plezuro!
Don't mention it!	Ne menciu ĝin!
Excuse me!	Pardonu min!
to excuse	senkulpigi
to apologize	pardonpeti
My apologies	My pardonpetas
I'm sorry!	Mi bedaŭras!
It's okay!	Estas bone!
please	bonvolu
Don't forget!	Ne forgesu!
Certainly!	Certe!
Of course not!	Kompreneble ne!
Okay!	Bone!
That's enough!	Tio sufiĉas!

How to address a person   Apelacioj

mister, sir	sinjorino, sinjoro

madam	sinjorino
miss	maltrafi
young man	junulo
young man	junulo
miss	maltrafi

Numbers from 0 to 100 Numeroj de 0 ĝis 100

zero	nulo
one	unu
two	du
three	tri
four	kvar
five	kvin
six	ses
seven	sep
eight	ok
nine	naŭ
ten	dek
eleven	dek unu
twelve	dek du
thirteen	dek tri
fourteen	dek kvar
fifteen	dek kvin
sixteen	dek ses
seventeen	dek sep

eighteen	dekok
nineteen	dek naŭ
twenty	dudek
twenty-one	dudek unu
twenty-two	dudek du
twenty-three	dudek tri
thirty	tridek
thirty-one	tridek unu
thirty-two	tridek du
thirty-three	tridek tri
forty	kvardek
forty-one	kvardek unu
forty-two	kvardek du
forty-three	kvardek tri
fifty	kvindek
fifty-one	kvindek unu
fifty-two	kvindek du
fifty-three	kvindek tri
sixty	sesdek
sixty-one	sesdek unu
sixty-two	sesdek du
sixty-three	sesdek tri
seventy	sepdek
seventy-one	sepdek unu

seventy-two	sepdek du
seventy-three	sepdek tri
eighty	okdek
eighty-one	okdek unu
eighty-two	okdek du
eighty-three	okdek tri
ninety	naŭdek
ninety-one	naŭdek unu
ninety-two	Naŭdek du
ninety-three	naŭdek tri

Numbers from 100 to milliard — Numeroj de 100 ĝis miliardoj

one hundred	cent
two hundred	ducent
three hundred	tricent
four hundred	kvarcent
five hundred	kvincent
six hundred	sescent
seven hundred	sepcent
eight hundred	okcent
nine hundred	naŭcent
thousand	mil
two thousand	dumil
three thousand	tri mil

ten thousand	dek mil
one hundred thousand	cent mil
million	milionoj
billion	miliardo

Ordinal Numbers Ordonombroj

first	unue
second	dua
third	triono
fourth	kvara
fifth	kvina
sixth	sesa
seventh	la sepa
eighth	oka
ninth	la naŭa
tenth	deka

Fractions Frakcioj

fraction	frakcio
one half	unu duono
one third	unu triono
one quarter	kvarono
one eighth	unu oka
one tenth	unu dekonon
two thirds	du trionoj

three quarters	tri kvaronoj

Mathematical Operations — Matematikaj Operacioj

subtraction	subtraho
to subtract	subtrahi
division	divido
to divide	dividi
addition	aldono
to add up	aldoni
to add	aldoni
multiplication	multiplikado
to multiply	multobligi

Words involved in calculations — Vortoj okupitaj pri kalkuloj

figure	figuro
number	nombro
numeral	numerala
minus	minus
plus	plus
formula	formulo
calculation	kalkulo
to count	kalkuli
to compare	kompari
How much?	Kiom?
How many?	Kiom da?

sum, total	sumo, entute
result	rezulto
remainder	restaĵo
a few ...	kelkaj ...
few ...	malmultaj ...
the rest	la cetero
one and a half	unu kaj duono
dozen	dekduo
in half	duone
equally	egale
half	duono
time	tempo

Most important Verbs Plej gravaj Verboj

to run	kuri
to be afraid	timi
to take	preni
to be	esti
to see	vidi
to own	posedi
to object	kontesti
to come in	eniri
to choose	elekti
to go out	eliri
to speak	paroli

to cook	kuiri
to give	doni
to do	fari
to trust	fidi
to think	pensi
to complain	plendi
to wait	atendi
to forget	forgesi
to have breakfast	matenmanĝi
to order	mendi
to finish	fini
to notice	rimarki
to write down	noti
to defend	defendi
to call	voki
to know	scii
to know	scii
to play	Ludi
to go	iri
to excuse	senkulpigi
to change	ŝanĝi
to study	studi
to have	havi
to be interested in ...	interesiĝi pri ...

to inform	informi
to look for ...	Serĉi ...
to control	kontroli
to steal	ŝteli
to shout	kriegi
to go for a swim	iri por naĝi
to fly	flugi
to catch	kapti
to break	rompi
to love	ami
to pray	preĝi
to keep silent	silenti
can	povas
to observe	observi
to hope	esperi
to punish	puni
to insist	insisti
to find	trovi
to begin	komenci
to underestimate	subtaksi
to fancy	fantazi
to have lunch	tagmanĝi
to promise	promesi
to deceive	trompi

to discuss	diskuti
to unite	kunigi
to explain	ekspliki
to mean	signifi
to liberate	liberigi
to insult	insulti
to stop	ĉesi
to answer	respondi
to guess right	diveni ĝuste
to refuse	rifuzi
to open	malfermi
to send	por sendi
to hunt	ĉasi
to make a mistake	erari
to fall	fali
to translate	traduki
to write	skribi
to swim	naĝi
to cry	plori
to plan	plani
to pay	pagi
to turn	turniĝi
to repeat	ripeti
to sign	ṣubskribi

to give a hint	doni aludon
to show	Montri
to help	helpi
to understand	kompreni
to expect	atendi
to propose	proponi
to prefer	preferi
to warn	averti
to stop	ĉesi
to invite	inviti
to arrive	alveni
to order	mendi
to belong to ...	aparteni al ...
to try	provi
to sell	vendi
to continue	daŭrigi
to pronounce	prononci
to miss	preterlasi
to ask	demandi
to forgive	pardoni
to hide	kaŝi
to confuse, to mix up	konfuzi, miksiĝi
to work	labori
to permit	permesi

to count on ...	kalkuli ...
to reserve, to book	rezervi, rezervi
to recommend	rekomendi
to drop	faligi
to scold	timigi
to run, to manage	kuri, administri
to dig	fosi
to sit down	sidiĝi
to say	diri
to follow ...	sekvi ...
to hear	aŭdi
to laugh	ridi
to rent	lui
to advise	konsili
to agree	konsenti
to regret	bedaŭri
to create	Krei
to doubt	dubi
to keep	teni
to save, to rescue	savi, savi
to ask	demandi
to come down	malsupreniri
to compare	kompari
to cost	kosti

to shoot	pafi
to exist	ekzisti
to count	kalkuli
to hurry	hasti
to demand	postuli
to be needed	esti bezonata
to touch	tuŝi
to kill	mortigi
to threaten	minaci
to be surprised	esti surprizita
to have dinner	vespermanĝi
to decorate	ornami
to smile	rideti
to mention	mencii
to participate	partopreni
to boast	fanfaroni
to want	voli
to be hungry	esti malsata
to be thirsty	esti soifa
to read	legi
to joke	ŝerci

Colors   Koloroj

colour	koloro

shade	ombro
hue	nuanco
rainbow	ĉielarko
white	blanka
black	nigra
grey	griza
green	verda
yellow	flava
red	ruĝa
blue	blua
light blue	helblua
pink	rozkolora
orange	oranĝa
violet	viola
brown	bruna
golden	ora
silvery	arĝenta
beige	flavgriza
cream	kremo
turquoise	turkiso
cherry red	ĉerizo ruĝa
lilac	siringo
crimson	krima
light	lumo

dark	malhela
bright	hela
coloured	kolora
colour	koloro
black-and-white	nigra kaj blanka
plain	ebenaĵo
multicoloured	multkolora

Most Popular Questions — Plej popularaj Demandoj

Questions	Demandoj
Who?	Kiu?
What?	Kio?
Where?	Kie?
Where?	Kie?
Where ... from?	De kie?
When?	Kiam?
Why?	Kial?
What for?	Por kio?
How?	Kiel?
Which?	Kiu?
To whom?	Al kiu?
About whom?	Pri kiu?
About what?	Pri kio?
With whom?	Kun kiu?
How many?	Kiom da?

How much?	Kiom?
Whose?	Kies?

Prepositions   Prepozicioj

with	kun
without	sen
to	al
about	pri
before	antaŭe
under	sub
above	supre
on	sur
from	de
of	de
in	en
over	super

Basic Introductory Words and Adverbs   Bazaj Enkondukaj Vortoj kaj Adverboj

Where?	Kie?
here	ĉi tie
there	tie
somewhere	ie
nowhere	nenien
by	de
by the window	apud la fenestro

Where?	Kie?
here	ĉi tie
there	tie
from here	de ĉi tie
from there	de tie
close	proksime
far	malproksime
not far	ne malproksima
left	maldekstre
on the left	maldekstre
to the left	maldekstren
right	ĝuste
on the right	dekstre
to the right	dekstren
in front	antaŭ
front	fronto
ahead	antaŭen
behind	malantaŭe
from behind	de malantaŭe
back	reen
middle	meza
in the middle	meze
at the side	ĉe la flanko
everywhere	ĉie

around	ĉirkaŭe
from inside	de interne
somewhere	ie
straight	rekta
back	reen
from anywhere	de ie ajn
from somewhere	de ie
firstly	unue
secondly	dua
thirdly	trie
suddenly	subite
at first	unue
for the first time	unuafoje
long before ...	longe antaŭ ...
for good	por bone
never	neniam
again	denove
now	nun
often	ofte
then	tiam
urgently	urĝe
usually	kutime
by the way, ...	Parenteze, ...
possible	ebla

probably	probable
maybe	eble
besides ...	krom ...
that's why ...	tial ...
in spite of...	malgraŭ...
thanks to ...	danke al ...
what	kio
that	tio
something	io
anything, something	io, io
nothing	nenio
who	kiu
someone	iu
somebody	iu
nobody	neniu
nowhere	nenien
nobody's	neniu
somebody's	iu
so	do
also	ankaŭ
too	ankaŭ

Basic Introductory Words and Adverbs   Bazaj Enkondukaj Vortoj kaj Adverboj

Why?	Kial?

for some reason	ial
because ...	ĉar ...
and	kaj
or	aŭ
but	sed
for	por
too	ankaŭ
only	nur
exactly	ĝuste
about	pri
approximately	proksimume
approximate	proksimuma
almost	preskaŭ
the rest	la cetero
the other	la alia
other	alia
each	ĉiu
any	ajn
much	multe
many	multaj
many people	multaj personoj
all	ĉiuj
in exchange for…	kontraŭ ...
in exchange	interŝanĝe

by hand	mane
hardly	apenaŭ
probably	probable
on purpose	intence
by accident	hazarde
very	tre
for example	ekzemple
between	inter
among	inter
so much	tiom
especially	precipe

Days of the week Tagoj de la semajno

Monday	Lundon
Tuesday	Marde
Wednesday	Merkredo
Thursday	Ĵaŭdo
Friday	Vendredo
Saturday	Sabato
Sunday	dimanĉo
today	hodiaŭ
tomorrow	morgaŭ
the day after tomorrow	postmorgaŭ
yesterday	hieraŭ

the day before yesterday	antaŭhieraŭ
day	tago
working day	labortago
public holiday	festotago
day off	tage
weekend	semajnfino
all day long	la tutan tagon
next day	sekvan tagon
two days ago	antaŭ du tagoj
the day before	la antaŭa tago
daily	ĉiutage
every day	ĉiutage
week	semajno
last week	lasta semajno
next week	venontsemajne
weekly	semajna
every week	ĉiusemajne
twice a week	dufoje semajne
every Tuesday	ĉiun mardon

Times of Day   Tempoj de la Tago

morning	matene
in the morning	matene
noon, midday	tagmezo, tagmezo
in the afternoon	posttagmeze

evening	vespere
in the evening	en la vespero
night	nokte
at night	nokte
midnight	noktomezo
second	dua
minute	minuto
hour	horo
half an hour	duonhoro
quarter of an hour	kvaronhoro
fifteen minutes	dek kvin minutoj
twenty four hours	dudek kvar horojn
sunrise	sunleviĝo
dawn	tagiĝo
early morning	frumatene
sunset	sunsubiro
early in the morning	frumatene
today in the morning	hodiaŭ matene
tomorrow moning	morgaŭ monos
this afternoon	ĉi-posttagmeze
in the afternoon	posttagmeze
tomorrow afternoon	morgaŭ posttagmeze
tonight	ĉi-vespere
tomorrow night	morgaŭ nokte

at 3 o'clock sharp	je la 3-a akra
about 4 o'clock	ĉirkaŭ la 4a horo
by 12 o'clock	je la 12a horo
in 20 minutes	en 20 minutoj
in an hour	en horo
on time	akurata
a quaretr to…	kelareto al …
withing an hour	kun unu horo
every 15 minutes	ĉiun 15 minutojn
round the clock	Ĉirkaŭ la horloĝo

Seasons Sezonoj

January	Januaro
February	Februaro
March	Marto
April	Aprilo
May	Majo
June	junio
July	Julio
August	Aŭgusto
September	Septembro
October	Oktobro
November	Novembro
December	Decembro

spring	printempo
in spring	en printempo
spring	printempo
summer	somero
in summer	somere
summer	somero
autumn	aŭtuno
in autumn	aŭtune
autumn	aŭtuno
winter	vintro
in winter	vintre
winter	vintro
month	monato
this month	ĉi-monate
next month	venontmonate
last month	pasintmonate
a month ago	antaŭ monato
in a month	en monato
in two months	en du monatoj
a whole month	tutan monaton
all month long	dum la tuta monato
monthly	ĉiumonate
bi-monthly	dudimensia
every month	ĉiumonate

twice a month	dufoje monate
year	jaro
this year	ĉijare
next year	venonta jaro
last year	pasintjare
a year ago	antaŭ jaro
in a year	en jaro
in two years	en du jaroj
a whole year	tutan jaron
all year long	tutjare
every year	ĉiujare
annual	jara
annually	ĉiujare
4 times a year	4 fojojn jare
date	dato
date	dato
calendar	kalendaro
half a year	duonjaro
six months	ses monatoj
season	sezono
century	jarcento

Words about time — Vortoj pri tempo

time	tempo
instant	tuja

instant	tuja
period	periodo
life	vivo
eternity	eterneco
epoch	epoko
era	epoko
cycle	ciklo
term , period	termino, periodo
the future	la estonteco
future	estonteco
next time	venontfoje
the past	la pasinteco
past	pasinteco
last time	lastfoje
later	poste
after	post
nowadays	nuntempe
now	nun
immediately	tuj
soon	baldaŭ
in advance	anticipe
a long time ago	antaŭ longe
recently	lastatempe
destiny	destino

memories	memoroj
archives	arkivoj
during ...	dum ...
long, a long time	longe, longe
not long	ne longe
early	frue
late	malfrue
forever	eterne
to start	komenci
to postpone	prokrasti
at the same time	samtempe
permanently	konstante
constant	konstanta
temporary	provizora
sometimes	foje
rarely	malofte
often	ofte

The main antonyms   La ĉefaj antonimoj

rich	riĉulo
poor	malriĉa
ill, sick	malsana, malsana
healthy	sana
big	granda

small	malgranda
quickly	rapide
slowly	malrapide
fast	rapide
slow	malrapida
cheerful	gaja
sad	malĝoja
together	kune
separately	aparte
aloud	laŭte
silently	silente
tall	alta
low	malalte
deep	profunda
shallow	malprofunda
yes	jes
no	ne
distant	malproksima
nearby	proksime
far	malproksime
nearby	proksime
long	longa
short	mallonga
good	bona

evil	malbono
married	edziĝinta
single	unuopa
to forbid	malpermesi
to permit	permesi
end	fino
beginning	komenco
left	maldekstre
right	ĝuste
first	unue
last	lasta
crime	krimo
punishment	puno
to order	mendi
to obey	obei
straight	rekta
curved	kurbaj
heaven	ĉielo
hell	infero
to be born	naskiĝi
to die	morti
strong	forta
weak	malforta
old	maljunaj

young	juna
old	maljunaj
new	nova
hard	malmola
soft	mola
warm	varme
cold	malvarma
fat	dika
slim	svelta
narrow	mallarĝa
wide	larĝa
good	bona
bad	malbona
brave	kuraĝa
cowardly	malkuraĝa

Geometric shapes   Geometriaj formoj

square	kvadrato
square	kvadrato
circle	cirklo
round	ronda
triangle	triangulo
triangular	triangula
oval	ovala
oval	ovala

rectangle	rektangulo
rectangular	rektangula
pyramid	piramido
rhombus	rombo
trapezium	trapezo
cube	kubo
prism	prismo
circumference	cirkonferenco
sphere	sfero
globe	terglobo
diameter	diametro
radius	radio
perimeter	perimetro
centre	centro
horizontal	horizontala
vertical	vertikala
parallel	paralele
parallel	paralele
line	linio
stroke	streko
straight line	rekto
curve	kurbo
thin	maldika
contour	konturo

intersection	intersekciĝo
right angle	ĝusta angulo
segment	segmento
sector	sektoro
side	flanko
angle	angulo

Measures Mezuroj

weight	pezo
length	longeco
width	larĝeco
height	alteco
depth	profundo
volume	volumeno
area	areo
gram	gramo
milligram	miligram
kilogram	kilogramo
ton	tuno
pound	funto
ounce	onza
metre	metro
millimetre	milimetron
centimetre	centimetro

kilometre	kilometro
mile	mejlo
inch	colo
foot	piedo
yard	korto
square metre	kvadrata metro
hectare	hektaro
litre	litro
degree	grado
volt	volt
ampere	ampere
horsepower	ĉevalforto
quantity	kvanto
a little bit of ...	iomete da ...
half	duono
dozen	dekduo
piece	peco
size	grandeco
scale	skalo
minimum	minimumo
the smallest	la plej malgranda
medium	meza
maximum	maksimumo
the largest	la plej granda

Capacities Kapabloj

jar	kruĉo
tin	stano
bucket	sitelo
barrel	barelo
basin	baseno
tank	tanko
hip flask	kokso-flaso
jerry can	ĵerzo povas
cistern	cisterno
mug	mug
cup	taso
saucer	saŭco
glass (tumbler)	vitro
glass	vitro
stew pot	kuirpoto
bottle	botelo
neck	kolo
carafe	karafo
jug	kruĉo
vessel	vazo
pot	poto
vase	vazo

bottle	botelo
vial, small bottle	vial, malgranda botelo
tube	tubo
sack (bag)	sako (sako)
bag	sako
packet	paketo
box	skatolo
box	skatolo
basket	korbo

Materials Materialoj

material	materialo
wood	ligno
wooden	lignaj
glass	vitro
glass	vitro
stone	ŝtono
stone	ŝtono
plastic	plasto
plastic	plasto
rubber	kaŭĉuko
rubber	kaŭĉuko
material, fabric	materialo, ŝtofo
fabric	ŝtofo
paper	papero

paper	papero
cardboard	kartono
cardboard	kartono
polythene	polieteno
cellophane	celofano
linoleum	linoleo
plywood	plafono
porcelain	porcelano
porcelain	porcelano
clay	argilo
clay	argilo
ceramics	ceramiko
ceramic	ceramika

Metalls — Metaloj

metal	metalo
metal	metalo
alloy	alojo
gold	oro
gold, golden	oro, ora
silver	arĝento
silver	arĝento
iron	fero
iron, made of iron	fero, farita el fero

steel	ŝtalo
steel	ŝtalo
copper	kupro
copper	kupro
aluminium	aluminio
aluminium	aluminio
bronze	bronzo
bronze	bronzo
brass	latuno
nickel	nikelo
platinum	plateno
mercury	hidrargo
tin	stano
lead	plumbo
zinc	zinko

Human   Homa

human being	homo
man	viro
woman	virino
child	infano
girl	knabino
boy	knabo

teenager	adoleskanto
old man	maljunulo
old woman	maljunulino

Anatomy Anatomio

organism	organismo
heart	koro
blood	sango
artery	arterio
vein	vejno
brain	cerbo
nerve	nervozo
nerves	nervoj
vertebra	vertebro
spine	dorso
stomach	stomako
intestines	intestoj
intestine	intesto
liver	hepato
kidney	reno
bone	osto
skeleton	skeleto
rib	rip
skull	kranio

muscle	muskolo
biceps	biceps
triceps	triceps
tendon	tendono
joint	artiko
lungs	pulmoj
genitals	genitaloj
skin	haŭto

Head Estro

head	kapo
face	vizaĝo
nose	nazo
mouth	buŝo
eye	okulo
eyes	okuloj
pupil	pupilo
eyebrow	brovo
eyelash	palpebro
eyelid	palpebro
tongue	lango
tooth	dento
lips	lipoj
cheekbones	vangofrapoj
gum	gumo

palate	boĵo
nostrils	naztruoj
chin	mentono
jaw	makzelo
cheek	vango
forehead	frunto
temple	templo
ear	orelo
back of the head	dorso de la kapo
neck	kolo
throat	gorĝo
hair	haroj
hairstyle	kombita
haircut	hararo
wig	peruko
moustache	lipharoj
beard	barbo
to have	havi
plait	plait
sideboards	flankaparatoj
red-haired	ruĝhara
grey	griza
bald	kalva
bald patch	kalva pato

ponytail	ĉevaleto
fringe	franĝo

Body Parts Partoj de Korpo

hand	mano
arm	brako
finger	fingro
thumb	dikfingro
little finger	malgranda fingro
nail	najlo
fist	pugno
palm	palmo
wrist	pojno
forearm	antaŭbrako
elbow	kubuto
shoulder	ŝultro
leg	kruro
foot	piedo
knee	genuo
calf	bovido
hip	kokso
heel	kalkano
body	korpo
stomach	stomako

chest	brusto
breast	brusto
flank	flankaj
back	reen
lower back	malsupra dorso
waist	talio
navel	umbiliko
buttocks	glutoj
bottom	fundo
beauty mark	belecmarko
tattoo	tatuaje
scar	cikatro

Clothes   Vestoj

outerwear   subvestoj

clothes	vestoj
outer clothing	eksteraj vestaĵoj
winter clothing	vintra vesto
overcoat	superkovrita
fur coat	mantelo
fur jacket	pelta jako
down coat	malsupren mantelo
jacket	jako

	raincoat		pluvmantelo
	waterproof		akvorezista

Clothes Vestoj

shirt	ĉemizo
trousers	pantalono
jeans	jeans
jacket	jako
suit	kostumo
dress	vesti
skirt	jupo
blouse	bluzo
knitted jacket	trikita jako
jacket	jako
T-shirt	Ĉemizo
shorts	shorts
tracksuit	trako
bathrobe	banujo
pyjamas	piĵamoj
sweater	svetero
pullover	pulovero
waistcoat	veŝto
tailcoat	vostvesto
dinner suit	vespermanĝo
uniform	uniformo

work wear	labora portado
boiler suit	kaldrono
coat	mantelo

Undergarments Subteraĵoj

underwear	subvestoj
vest	veŝto
socks	ŝtrumpetoj
nightgown	nokta nokto
bra	mamzono
knee highs	genuaj altoj
tights	tajloj
stockings	ŝtrumpoj
swimsuit, bikini	naĝvesto, bikino

Hats Ĉapeloj

hat	ĉapelo
trilby hat	trilby ĉapelo
baseball cap	basbula ĉapo
flatcap	flatcap
beret	bereto
hood	kapuĉo
panama	panama
knitted hat	trikita ĉapelo
headscarf	kapotuko

women's hat	virina ĉapelo
hard hat	malmola ĉapelo
forage cap	furaĝa ĉapo
helmet	kasko
bowler	boŭlisto
top hat	supera ĉapelo

Shoes — Ŝuoj

footwear	piedvestoj
ankle boots	maleolaj botoj
shoes	ŝuoj
boots	botoj
slippers	pantofloj
trainers	trejnistoj
plimsolls, pumps	plimsolls, pumpiloj
sandals	sandaloj
cobbler	cobbler
heel	kalkano
pair	paro
shoelace	ŝuano
to lace up	laciĝi
shoehorn	zapato
shoe polish	ŝuo poluro

Tissue Ŝtofo

cotton	kotono
cotton	kotono
flax	lino
flax	lino
silk	silko
silk	silko
wool	lano
woollen	lano
velvet	veluro
suede	Suede
corduroy	kaleŝo
nylon	nilono
nylon	nilono
polyester	poliestro
polyester	poliestro
leather	ledo
leather	ledo
fur	pelto
fur	pelto

Accessories Akcesoraĵoj

gloves	gantoj
mittens	manĝiloj

scarf	koltuko
glasses	okulvitroj
frame	kadro
umbrella	ombrelo
walking stick	promena bastono
hairbrush	hararo
fan	adoranto
tie	egaleco
bow tie	pafarko
braces	krampoj
handkerchief	poŝtuko
comb	kombi
hair slide	hara glito
hairpin	hararo
buckle	buko
belt	zono
shoulder strap	ŝultra rimeno
bag	sako
handbag	mansako
rucksack	dorsosako

Vestoj

fashion	modo
in vogue	en modo

fashion designer	moda desegnisto
collar	kolumo
pocket	poŝo
pocket	poŝo
sleeve	maniko
hanging loop	pendanta buklo
flies	muŝoj
zip	zip
fastener	ligilo
button	butono
buttonhole	butono
to come off	eliri
to sew	kudri
to embroider	brodi
embroidery	brodado
sewing needle	kudri kudrilon
thread	fadeno
seam	kudro
to get dirty	malpuriĝi
stain	makulo
to crease, crumple	krevigi, malĝentile
to tear	disŝiri
clothes moth	vesta tineo

Hygiene and cosmetics — Higieno kaj kosmetikaĵoj

toothpaste	dentopasto
toothbrush	dentobroso
to clean one's teeth	purigi ies dentojn
razor	razilo
shaving cream	razanta kremo
to shave	razigi
soap	sapo
shampoo	ŝampuo
scissors	tondiloj
nail file	najlo-dosiero
nail clippers	najlotranĉiloj
tweezers	pinĉoj
cosmetics	kosmetikaĵoj
face mask	vizaĝa masko
manicure	manikuro
to have a manicure	havi manikuron
pedicure	pedikuro
make-up bag	ŝminka sako
face powder	vizaĝa pulvoro
powder compact	kompakta pulvoro
blusher	blusher
perfume	parfumo

toilet water	neceseja akvo
lotion	locio
cologne	kolonio
eyeshadow	ombro de okuloj
eyeliner	eyeliner
mascara	rimarko
lipstick	lipruĝo
nail polish	Ungolako
hair spray	hararoverŝado
deodorant	deodorante
cream	kremo
face cream	vizaĝa kremo
hand cream	mana kremo
anti-wrinkle cream	kontraŭtimiga kremo
day cream	taga kremo
night cream	nokta kremo
tampon	tampon
toilet paper	necesejo-papero
hair dryer	harsekigilo

Jewelry   Juveloj

jewellery	juveloj
precious	altvalora
hallmark	signalo
ring	ringo

wedding ring	geedziĝa ringo
bracelet	braceleto
earrings	orelringoj
necklace	koliero
crown	krono
bead necklace	kolhararo
diamond	diamanto
emerald	smeraldo
ruby	rubeno
sapphire	safiro
pearl	perlo
amber	ambro

Watch — Rigardu

watch	spekti
dial	hormontrilo
hand	mano
bracelet	braceleto
watch strap	spekti rimenon
battery	baterio
to be flat	esti plata
to change a battery	ŝanĝi baterion
to run fast	kuri rapide
to run slow	kuri malrapide

wall clock	murhorloĝo
hourglass	horloĝo
sundial	sunhorloĝo
alarm clock	vekhorloĝo
watchmaker	horloĝisto
to repair	ripari

Food   Manĝaĵo

Food Manĝaĵo

meat	viando
chicken	kokido
young chicken	juna kokido
duck	anaso
goose	ansero
game	ludo
turkey	meleagro
pork	porkaĵo
veal	bovido
lamb	ŝafido
beef	bovaĵo
rabbit	kuniklo
sausage	kolbaso
Vienna sausage	Vieno-kolbaso

bacon	lardo
ham	ŝinko
gammon	gammon
pate	pate
liver	hepato
lard	lardo
mince	mince
tongue	lango
egg	ovo
eggs	ovoj
egg white	ovo blanka
egg yolk	ovo de yemoj
fish	fiŝoj
seafood	mariskoj
crustaceans	krustuloj
caviar	kaviaro
crab	krabo
prawn	gamba
oyster	ostro
spiny lobster	dorna luko
octopus	pulpo
squid	kalmaroj
sturgeon	sturgo
salmon	salmo

halibut	halibuto
cod	moruo
mackerel	makro
tuna	tinuso
eel	angilo
trout	truto
sardine	sardino
pike	piceo
herring	haringo
bread	pano
cheese	fromaĝo
sugar	sukero
salt	salo
rice	rizo
pasta	pasto
noodles	nudeloj
butter	butero
vegetable oil	vegeta oleo
sunflower oil	sunfloro oleo
margarine	margarino
olives	olivoj
olive oil	oleo de olivo
milk	lakto
condensed milk	kondensita lakto

yogurt	jogurto
sour cream	acidkremo
cream	kremo
mayonnaise	majonezo
buttercream	buttercream
groats	groŝoj
flour	faruno
tinned food	tinkturfarbita manĝaĵo
cornflakes	cornflakes
honey	mielo
jam	marmelado
chewing gum	maĉgumo

Drinks — Trinkaĵoj

water	akvo
drinking water	trinkakvo
mineral water	Minerala akvo
still	ankoraŭ
carbonated	karbonigita
sparkling	ŝprucante
ice	glacio
with ice	kun glacio
non-alcoholic	nealkohola
soft drink	dolĉa trinkaĵo
cool soft drink	malvarmeta mola trinkaĵo

lemonade	limonado
spirits	spiritoj
wine	vinon
white wine	blanka vino
red wine	ruĝa vino
liqueur	likvoro
champagne	ĉampano
vermouth	vermuto
whisky	viskio
vodka	vodko
gin	ĝino
cognac	koko
rum	ron
coffee	kafo
black coffee	nigra kafo
white coffee	blanka kafo
cappuccino	cappuccino
instant coffee	tuja kafo
milk	lakto
cocktail	koktelo
milk shake	lakto tremi
juice	suko
tomato juice	tomata suko
orange juice	oranĝsuko

freshly squeezed juice	ĵus elpremita suko
beer	biero
lager	lager
Dark Beer	Malhela Biero
tea	teon
black tea	nigra teo
green tea	verda teo

Vegetables Legomoj

vegetables	legomoj
greens	verduloj
tomato	tomato
cucumber	kukumo
carrot	karoto
potato	terpomo
onion	cepo
garlic	ajlo
cabbage	brasiko
cauliflower	florbrasiko
Brussels sprouts	Bruseloj elkreskas
broccoli	brokolo
beetroot	skarabo
aubergine	berenjena
Zucchini	Zucchini

pumpkin	kukurbo
turnip	nabo
parsley	petroselo
dill	aneto
lettuce	laktuko
celery	celerio
asparagus	asparago
spinach	spinaco
pea	pizo
beans	faboj
maize	maizo
kidney bean	reno fazeolo
bell pepper	kapsiko
radish	rafano
artichoke	artiŝoko

Fruits and Nuts   Fruktoj kaj Nuksoj

fruit	frukto
apple	pomo
pear	piro
lemon	citrono
orange	oranĝa
strawberry	frago
tangerine	mandarino
plum	pruno

peach	persiko
apricot	abrikoto
raspberry	frambo
pineapple	ananaso
banana	banano
watermelon	akvomelono
grape	vinbero
sour cherry	acida ĉerizo
sweet cherry	dolĉa ĉerizo
melon	melono
grapefruit	pomelo
avocado	avokado
papaya	papajo
mango	mango
pomegranate	granatarbo
redcurrant	redcurrant
blackcurrant	nigran koruson
gooseberry	koko
bilberry	ardeo
blackberry	murego
raisin	sekvinbero
fig	fig
date	dato
peanut	arakido

almond	migdalo
walnut	juglando
hazelnut	aveloj
coconut	kokoso
pistachios	pistatoj

Bread and Sweets   Pano kaj dolĉaĵoj

confectionery	dolĉaĵoj
bread	pano
biscuits	kuketo
chocolate	ĉokolado
chocolate	ĉokolado
sweet	dolĉaĵoj
cake	kuko
cake	kuko
pie	kukaĵo
filling	plenigaĵo
jam	marmelado
marmalade	marmelado
waffle	waffles
ice-cream	glaciaĵo
pudding	budino

Courses   Pladoj

course, dish	la pladon

cuisine	kuirarto (nacia)
recipe	recepto (kulinara)
portion	porcio
salad	salato
soup	la supo
clear soup	buljono
sandwich	sandviĉo
fried eggs	frititajn ovojn
cutlet	tranĉileto
hamburger	hamburgero
steak	bifsteko
roast meat	rostita
garnish	flanka plado
spaghetti	spagetoj
mash	purigitaj terpomoj
pizza	picon
porridge	porridge
omelette	omelet
boiled	boligita
smoked	fumis
fried	fritita (en pato)
dried	sekigita
frozen	frosta
pickled	piklitaj

sweet	dolĉa (pri teo, kafo)
salty	saleta
cold	Malvarmeta
hot	varme
bitter	maldolĉa
tasty	bongusta
to cook	kuiristo (kuiristo)
to cook	kuiristo (vespermanĝo)
to fry	friti
to heat up	varmigu
to salt	sali
to pepper	pipro
to grate	froti (sur rampilo)
peel	senŝeligi
to peel	ŝelo (legomoj ekzemple)

Spices and seasonings   Spicoj & Condimentos

salt	SALTO
salty	saleta
to salt	SALTO
black pepper	nigra pipro
red pepper	ruĝa pipro
mustard	mustardo
horseradish	ĉevalo

condiment	condimento
spice	spico
sauce	saŭco
vinegar	vinagro
anise	anizo
basil	baziliko
cloves	tondilo
ginger	zingibro
coriander	koriandro
cinnamon	cinamo
sesame	semoj
bay leaf	golfeto
paprika	paprika
caraway	karavanaj semoj
saffron	safrano

Words for eating Manĝantaj Kondiĉoj

food	manĝaĵo
to eat	manĝi, manĝi
breakfast	matenmanĝo
to have breakfast	matenmanĝi
lunch	tagmanĝi
to have lunch	tagmanĝi
dinner	vespermanĝo
to have dinner	vespermanĝi

appetite	apetito
Enjoy your meal!	Bonan apetiton!
to open	malferma (banko, ktp)
to spill	verŝi
to spill out	verŝi
to boil	boligi
to boil	boligi
boiled	boligita
to cool	malvarmeta
to cool down	malvarmetiĝu
taste, flavour	gustumi
aftertaste	frapado
to be on a diet	perdi pezon (esti sur dieto)
diet	dieto
vitamin	vitamino
calorie	kalorio
vegetarian	vegano
vegetarian	vegetarano
fats	grasoj
proteins	sciuroj
carbohydrates	karbonhidratoj
slice	tranĉaĵo
piece	peco
crumb	panero (pano, ktp)

Tukoj

spoon	kulero
knife	la tranĉilon
fork	forko
cup	taso
plate	telero
saucer	saŭco
serviette	naztuko
toothpick	dentpikilo

Restaurant Restoracio

restaurant	restoracio
coffee bar	kafejo
pub	la trinkejo
tearoom	te-butiko
waiter	kelnero
waitress	la kelnerino
barman	baristo
menu	la menuo
wine list	vinlisto
to book a table	rezervi tablon
course, dish	plado (plado)
to order	mendi (plado)
to make an order	fari ordonon

aperitif	aperitivo
starter	aperitivo
dessert	deserto
bill	konto
to pay the bill	pagi la fakturon
to give change	doni ŝanĝon
tip	beko

Ĉirkaŭa

Questionnaire Profilo

name, first name	NOMO
family name	familinomo
date of birth	dato de naskiĝo
place of birth	loko de naskiĝo
nationality	nacieco
place of residence	loĝloko
country	la lando
profession	profesio
gender, sex	sekso (vira aŭ ina)
height	kresko
weight	pezo

Relatives Parencoj

mother	patrino
father	patro
son	SONO
daughter	filino
younger daughter	plej juna filino
younger son	plej juna filo
eldest daughter	plej aĝa filino
eldest son	plej maljuna filo
brother	frato
sister	fratino
cousin	kuzo
cousin	kuzo
mummy	panjo
dad, daddy	paĉjo
parents	la gepatroj
child	infano
children	infanoj
grandmother	avino
grandfather	avo
grandson	nepo
granddaughter	nepino
grandchildren	genepoj
uncle	UNUA
aunt	onklino

nephew	nevo
niece	nevino
mother-in-law	bopatrino
father-in-law	bopatro
son-in-law	bofilo
stepmother	duonpatrino
stepfather	duonpatro
infant	bebo
baby	bebo
little boy	bebo
wife	edzino
husband	edzo
married	edziĝinta
married	edziĝinta
single	Idle (adj.)
bachelor	fraŭlo
divorced	eksedzino
widow	vidvino
widower	vidvo
relative	parenco
close relative	proksima parenco
distant relative	malproksima parenco
relatives	parencoj (parencoj)
orphan	orfo

guardian	gardisto
to adopt	adopti
to adopt	adopti

Friends and Collegues Amikoj kaj kolegoj

friend	AMIKO
friend, girlfriend	koramikino
friendship	amikeco
to be friends	amikiĝi
pal	enuo
pal	amiko
partner	kunulo
chief	kuiristo
boss, superior	la estro
subordinate	subulo (n.)
colleague	kolego
acquaintance	konato (n.)
fellow traveller	kunulo
classmate	samklasano
neighbour	najbaro
neighbour	najbaro
neighbours	la najbaroj

Words about people Vortoj pri homoj

woman	virino

girl, young woman	knabino
bride, fiancee	la novedzino
beautiful	bela
tall	alta
slender	svelta
short	mallonga staturo
blonde	blonda
brunette	bruna
ladies'	sinjorinoj
virgin	virgulino
pregnant	graveda
man	viro
blond haired man	blonda
dark haired man	brunet
tall	ALTO
short	mallonga staturo
rude	malĝentila
stocky	ŝtrumpaj
robust	forta
strong	forta
strength	potenco (persono)
stout, fat	plena (dika)
swarthy	malhela haŭto
well-built	svelta

elegant	eleganta
Age	**Aĝo**
age	aĝo
youth	juneco
young	junaj
younger	pli juna
older	super
young man	junulo
guy, fellow	knabo
old man	maljunulo
old woman	maljunulino
adult	plenkreskulo
middle-aged	mezaĝa
elderly	la maljunuloj
old	la maljuna
to retire	retiriĝi
pensioner	maljunulo
Children	**Infanoj**
child	infano
children	infanoj
twins	la ĝemeloj
cradle	lulilo, lulilo
rattle	sonorilo
nappy	vindotuko

dummy, comforter	cico
pram	pram (bebo)
nursery	infanĝardeno
babysitter	infaneto
childhood	infanaĝo
doll	pupo
toy	ludilo
construction set	konstruisto (ludo)
well-bred	kunportita
ill-bred	malbonhumora
spoilt	difektita
to be naughty	naŭza
mischievous	ludema
mischievousness	fako (konduto)
mischievous child	minx
obedient	obeema
disobedient	naŭza
docile	inteligenta (obeema)
clever	inteligenta (talentema)
child prodigy	infana mirindaĵo

Edziĝinta vivo

Edzinoj. Edziĝinta vivo

to kiss	kisi
to kiss	kisi
family	la familio
family	familio
couple	paro, paro
marriage	geedzeco (familia vivo)
hearth	hejmo
dynasty	dinastio
date	dato
kiss	kiso
love	amo
to love	ami (smb.)
beloved	amato (persono)
tenderness	tenereco
tender	milda
faithfulness	fideleco
faithful	fidela
	zorgi pri persono
	zorgado
newlyweds	novnaskitoj
honeymoon	mielmonato
to get married	edziniĝi
to get married	edziniĝi
wedding	la geedziĝo

golden wedding	ora geedziĝo
anniversary	datreveno
lover	amanto
mistress	amanto
adultery	perfido
to commit adultery	ŝanĝi
jealous	ĵaluza
to be jealous	esti ĵaluza
divorce	eksedziĝo
to divorce	akiri eksedziĝon
to quarrel	kvereli
to be reconciled	meti
together	kune
sex	sekso
happiness	feliĉo
happy	feliĉa
misfortune	malfeliĉo
unhappy	mizera

Feelings   Sentoj

feeling	sento
feelings	sentoj
to feel	senti
hunger	malsato
to be hungry	volas manĝi

thirst	soifo
to be thirsty	soifa
sleepiness	somnolo
to feel sleepy	volas dormi
tiredness	laceco
tired	laca
to get tired	laciĝi (esti laca)
mood	humoro
boredom	tedemo
to be bored	maltrafi
seclusion	soleco
to seclude oneself	retiriĝi
to worry	ĝeni
to be worried	zorgi
anxiety	zorgado
preoccupied	maltrankviligita
to be nervous	nervozigi
to panic	panikiĝi
hope	espero
to hope	esperi
certainty	konfido
certain, sure	certe
uncertainty	necerteco
uncertain	necerta

drunk	ebria
sober	sobra
weak	malforta
happy	feliĉa
to scare	timigi
rage	kolerego
depression	depresio
discomfort	malkomforto
comfort	komforto
to regret	bedaŭri
regret	bedaŭro
bad luck	malbona sorto
sadness	kaligrafo
shame	honto
merriment	amuzo (ĝojo)
enthusiasm	entuziasmo
enthusiast	entuziasmulo
to show enthusiasm	montri entuziasmon

Personal Traits Persona priskribo

character	karaktero
character flaw	manko (de karaktero)
mind	la menso
reason	la menso

conscience	konscienco
habit	kutimo
ability	kapablo (por smth.)
can	povi
patient	pacienca
impatient	senpacienca
curious	scivolema
curiosity	scivolemo
modesty	modesteco
modest	humila
immodest	nediskreta
lazy	mallaborema
lazy person	bum
cunning	ruzo
cunning	ruza
distrust	malfido
distrustful	nekredema
generosity	malavareco
generous	sindona
talented	talenta
talent	talento
courageous	aŭdaca
courage	kuraĝo
honest	honesta

honesty	honesteco
careful	zorgema
courageous	la kuraĝulo
serious	serioza
strict	strikta
decisive	decida
indecisive	nedecidebla
shy, timid	timema
shyness, timidity	timideco
confidence	fidi
to believe	kredi (fidi)
trusting, naive	gullible
sincerely	sincere
sincere	sincera
sincerity	sincereco
calm	kvieta (trankvila)
frank	sencela
naive, naive	naive
absent-minded	disaj
funny	amuza (amuza)
greed	avideco (obstineco)
greedy	avida (meznombro)
evil	kolerega
stubborn	obstina

unpleasant	malagrabla
selfish person	egoisma
selfish	egoisma
coward	malkuraĝulo
cowardly	malkuraĝa

Sleep Dormu

to sleep	dormi
sleep, sleeping	dormi (kondiĉo)
dream	dormi (sonĝoj)
to dream	sonĝi
sleepy	dormema
bed	la lito
mattress	matraco
blanket	litkovrilo
pillow	kapkuseno
sheet	litotuko
insomnia	sendormeco
sleepless	sendorma
sleeping pill	dormigaj piloloj
to take a sleeping pill	prenu dormigajn pilolojn
to feel sleepy	volas dormi
to yawn	boji
to go to bed	iru dormi
to make up the bed	fari liton

to fall asleep	endormiĝi
nightmare	koŝmaro
snoring	ronkado
to snore	ronki
alarm clock	horloĝo
to wake	vekiĝu
to wake up	vekiĝu
to get up	leviĝu (matene)
to wash oneself	lavi
Laugh	**Ridu**
humour	humuro
sense of humour	senso de humuro
to have fun	amuziĝi
cheerful	gaja
merriment, fun	merriment, amuzo
smile	rideti
to smile	rideti
to start laughing	komenci ridi
to laugh	ridi
laugh, laughter	rido, rido
anecdote	anekdoto
funny	amuza
funny	amuza
to joke, to be kidding	ŝerci, ŝerci

joke	ŝerco
joy	ĝojo
to rejoice	ĝoji
glad	ĝojas

Communication — Komunikado

communication	komunikado
to communicate	komuniki
conversation	konversacio
dialogue	dialogo
discussion	diskuto
debate	debato
to debate	debati
interlocutor	interparolanto
topic	temo
point of view	vidpunkto
opinion	opinio
speech	parolado
discussion	diskuto
to discuss	diskuti
talk	paroli
to talk	paroli
meeting	kunveno
to meet	renkonti
proverb	proverbo

saying	dirante
riddle	enigmo
to ask a riddle	demandi enigmon
password	Pasvorto
secret	sekreto
oath	ĵuro
to swear	ĵuri
promise	promesi
to promise	promesi
advice	konsilon
to advise	konsili
to follow one's advice	sekvi onian konsilon
news	novaĵoj
sensation	sento
information	informoj
conclusion	konkludo
voice	voĉo
compliment	komplimento
kind	afabla
word	vorto
phrase	frazo
answer	respondi
truth	vero
lie	mensogi

thought	pensis
idea	ideo
fantasy	fantazio

Talk Paroli

respected	respektata
to respect	respekti
respect	respekto
Dear...	Kara ...
to introduce	prezenti
to make acquaintance	konatiĝi
intention	intenco
to intend	intenci
wish	deziro
to wish	deziri
surprise	surprizo
to surprise	por surprizi
to be surprised	esti surprizita
to give	doni
to take	preni
to give back	redoni
to return	redoni
to apologize	pardonpeti
apology	pardonpeton

to forgive	pardoni
to talk	paroli
to listen	aŭskulti
to hear... out	aŭdi ... ekstere
to understand	kompreni
to show	Montri
to look at ...	rigardi ...
to call	voki
to distract	distri
to disturb	ĝeni
to pass	pasi
demand	peto
to request	peti
demand	peto
to demand	postuli
to tease	moligi
to mock	moki
mockery, derision	mokado, ruzeco
nickname	kromnomo
allusion	aludo
to allude	aludi
to imply	impliki
description	Priskribo
to describe	priskribi

praise	laŭdo
to praise	laŭdi
disappointment	seniluziiĝo
to disappoint	seniluziiĝi
to be disappointed	esti seniluziigita
supposition	supozo
to suppose	supozi
warning, caution	averto, singardo
to warn	averti
to talk into	priparoli
to calm down	trankviliĝi
silence	silento
to keep silent	silenti
to whisper	flustri
whisper	flustre
frankly	sincere
in my opinion ...	miaopinie ...
detail	detalo
detailed	detala
in detail	detale
hint, clue	aludo, indiko
to give a hint	doni aludon
look	rigardu
to have a look	rigardi

fixed	riparita
to blink	palpebrumi
to wink	palpebrumi
to nod	kapti
sigh	suspiru
to sigh	suspiri
to shudder	timigi
gesture	gesto
to touch	tuŝi
to seize	kapti
to tap	frapeti
Look out!	Atentu!
Really?	Ĉu vere?
Good luck!	Bonŝancon!
I see!	Mi vidas!
It's a pity!	Domaĝe!

Agreement and Disagreement — Interkonsento kaj Malkonsento

consent	konsento
to agree	konsenti
approval	aprobo
to approve	aprobi
refusal	rifuzo
to refuse	rifuzi
Great!	Bonega!

All right!	Bone!
Okay!	Bone!
forbidden	malpermesita
it's forbidden	ĝi estas malpermesita
incorrect	nekorekta
to reject	malakcepti
to support	subteni
to accept	akcepti
to confirm	konfirmi
confirmation	konfirmo
permission	permeso
to permit	permesi
decision	decido
to say nothing	nenion diri
condition	kondiĉo
excuse	ekskuzo
praise	laŭdo
to praise	laŭdi

Success and defeat   Sukceso kaj malvenko

success	sukceso
successfully	sukcese
successful	sukcesa
good luck	bonŝancon

Good luck!	Bonŝancon!
lucky	bonŝanca
lucky	bonŝanca
failure	fiasko
misfortune	malfeliĉo
bad luck	malbonŝanco
unsuccessful	malsukcesa
catastrophe	katastrofo
pride	fiereco
proud	fiera
to be proud	esti fiera
winner	gajninto
to win	gajni
to lose	perdi
try	provu
to try	provi
chance	hazardo

Negativa emocio

shout	krii
to shout	kriegi
to start to cry out	por ekkrii
quarrel	kverelo
to quarrel	kvereli
fight	batali

to have a fight	havi batalon
conflict	konflikto
misunderstanding	miskompreno
insult	insulto
to insult	insulti
insulted	insultita
offence	ofendo
to offend	ofendi
to take offence	ofendi
indignation	indigno
to be indignant	indigni
complaint	plendo
to complain	plendi
apology	pardonpeton
to apologize	pardonpeti
to beg pardon	peti pardonon
criticism	kritiko
to criticize	kritiki
accusation	akuzo
to accuse	akuzi
revenge	venĝo
to avenge	venĝi
to pay back	repagi
disdain	malestimi

to despise	malestimi
hatred, hate	malamo, malamo
to hate	malami
nervous	nervoza
to be nervous	esti nervoza
angry	kolerega
to make angry	koleri
to scold???	friponi ???
humiliation	humiligo
to humiliate	humiligi
to humiliate oneself	humiligi sin
shock	ŝoko
to shock	ŝoki
trouble	ĝeno
unpleasant	malagrabla
fear	timu
terrible	terura
scary	timiga
horror	teruro
awful	terura
to begin to tremble	komenci tremi
to cry	plori
to start crying	ekplori
tear	larmo

fault	kulpo
guilt	kulpo
dishonour	malhonoro
protest	protesti
stress	premo
to disturb	ĝeni
to be furious	esti furioza
angry	kolerega
to end	finiĝi
to be scared	esti timigita
to hit	trafi
to fight	batali
to settle	ekloĝi
discontented	malkontenta
furious	furioza
It's not good!	Ĝi ne bonas!
It's bad!	Estas malbona!

Medicine Medicino

Illness Malsano

illness	malsano
to be ill	malsaniĝi
health	sano

runny nose	rara nazo
tonsillitis	tonsilito
cold	malvarma
to catch a cold	kapti malvarmon
bronchitis	bronkito
pneumonia	pneŭmonio
flu	gripo
short-sighted	mallongvida
long-sighted	longvida
squint	squint
squint-eyed	okulfrapa
cataract	katarato
glaucoma	glaucoma
stroke	streko
heart attack	koratako
myocardial infarction	miokardia infarkto
paralysis	paralizo
to paralyse	paralizi
allergy	alergio
asthma	astmo
diabetes	diabeto
toothache	dentodoloro
caries	karioj
diarrhoea	diareo

constipation	estreñimiento
stomach upset	stomako maltrankviligita
food poisoning	manĝaĵa veneniĝo
to poison oneself	veneni sin
arthritis	artrito
rickets	raketoj
rheumatism	reŭmatismo
atherosclerosis	aterosklerozo
gastritis	gastrito
appendicitis	apendicito
cholecystitis	kolekistito
ulcer	ulcero
measles	ruza
German measles	Germana ruzaĵo
jaundice	iktero
hepatitis	hepatito
schizophrenia	skizofrenio
rabies	rabio
neurosis	neŭrozo
concussion	ekscitiĝo
cancer	kancero
sclerosis	sklerozo
multiple sclerosis	multobla sklerozo
alcoholism	alkoholismo

alcoholic	alkoholulo
syphilis	sifiliso
AIDS	Aidoso
tumour	tumoro
fever	febro
malaria	malario
gangrene	gangreno
seasickness	marflueco
epilepsy	epilepsio
epidemic	epidemio
typhus	tifo
tuberculosis	tuberkulozo
cholera	eraolero
plague	plago

Symptoms and Treatment   Simptomoj kaj Traktado

symptom	simptomo
temperature	temperaturo
fever	febro
pulse	pulso
giddiness	mallerteco
hot	varme
shivering	tremanta
pale	pala

cough	tuso
to cough	tusi
to sneeze	ŝiri
faint	malforta
to faint	sveni
bruise	bruado
bump	frapo
to bruise oneself	bruligi sin
bruise	bruado
to get bruised	brui
to limp	limpi
dislocation	dislokado
to dislocate	malklarigi
fracture	frakturo
to have a fracture	havi frakturon
cut	tranĉi
to cut oneself	haki sin
bleeding	sangrado
burn	brulvundo
to burn oneself	bruligi sin
to prickle	piki
to prickle oneself	piki sin
to injure	vundi
injury	lezo

wound	vundo
trauma	traŭmato
to be delirious	deliri
to stutter	balbutis
sunstroke	sunradio
pain	doloro
splinter	ŝprucaĵo
sweat	ŝvito
to sweat	ŝviti
vomiting	vomado
convulsions	konvulsioj
pregnant	graveda
to be born	naskiĝi
delivery, labour	liverado, laboro
to labour	labori
abortion	aborto
respiration	spirado
inhalation	inhalado
exhalation	elpelo
to breathe out	elspiri
to breathe in	spiri
disabled person	handikapulo
cripple	kripliga
drug addict	drogemulo

deaf	surda
dumb	muta
deaf-and-dumb	surda kaj muta
mad, insane	freneza, freneza
madman	frenezulo
madwoman	fraŭlino
to go insane	iri sensenca
gene	geno
immunity	imuneco
hereditary	hereda
congenital	kongresa
virus	virus
microbe	mikrobito
bacterium	bakterio
infection	infekto
hospital	hospitalo
patient	pacienca
diagnosis	diagnozo
cure	kuraci
treatment	traktado
to get treatment	ricevi kuracadon
to treat	trakti
to nurse	varti
care	zorgo

operation, surgery	operacio, kirurgio
to bandage	bandaĝi
bandaging	bandaĝo
vaccination	vakcinado
to vaccinate	vakcini
injection, shot	injekto, pafo
to give an injection	doni injekton
attack	atako
amputation	amputo
to amputate	amputi
coma	komo
to be in a coma	esti en komo
intensive care	intensiva prizorgado
to recover	resaniĝi
state	ŝtato
consciousness	konscio
memory	memoro
to extract	ĉerpi
filling	plenigante
to fill	plenigi
hypnosis	hipnoto
to hypnotize	hipnotigi

Medical specialties   Medicinaj fakoj

doctor	kuracisto

nurse	flegistino
private physician	privata kuracisto
dentist	dentisto
ophthalmologist	oftalmologo
general practitioner	ĝenerala kuracisto
surgeon	kirurgo
psychiatrist	psikiatro
paediatrician	infankuracisto
psychologist	psikologo
gynaecologist	ginekologo
cardiologist	kardiologo

Medicines Medikamentoj

medicine, drug	medicino, drogo
remedy	kuracilo
to prescribe	preskribi
prescription	preskribo
tablet, pill	tablojdo, pilolo
ointment	ungvento
ampoule	ampolo
mixture	miksaĵo
syrup	siropo
pill	pilolo
powder	pulvoro

bandage	bandaĝo
cotton wool	kotona lano
iodine	jodo
plaster	gipso
eyedropper	okulvitro
thermometer	termometro
syringe	jeringo
wheelchair	rulseĝo
crutches	kraketoj
painkiller	dolorigilo
laxative	laksivo
spirit, ethanol	spirito, etanolo
medicinal herbs	kuracaj herboj
herbal	herboj

Smoking Fumado

tobacco	tabako
cigarette	cigaredon
cigar	cigaro
pipe	pipon
packet	paketo
matches	alumetoj
matchbox	matĉokesto
lighter	pli malpeza
ashtray	cindrujo

cigarette case	cigaredo
cigarette holder	cigaredo
filter	filtrilo
to smoke	fumi
to light a cigarette	por lumigi cigaredon
smoking	fumado
smoker	fumanto
cigarette end	cigareda fino
smoke	fumo
ash	cindro

Printed in Great Britain
by Amazon